SCENE DERNIE'RE.
VENUS, LE CHOEUR.
VENUS.

IL est mort ! Ciel barbare ! ô destins ennemis,
Impitoyables Dieux vous l'avez-donc permis !
 Je ne verray plus ce que j'aime ?
Le sommeil de la mort a fermé pour jamais,
Ces yeux de qui l'amour empruntoit tous ses traits,
 O disgrace, ô rigueur extrême !

Eclatez mes soûpirs, coulez, coulez mes pleurs,
Je n'en puis trop verser en de si grands malheurs.

 Que toute la terre gémisse,
 Que l'air de nos cris retentisse
LE CHOEUR.
 Que toute la terre gémisse,
 Que l'air de nos cris retentisse.
VENUS.
Le plus beau des mortels vient de perdre le jour.
LE CHOEUR.
 Que toute la Terre gémisse.
VENUS.
Venus perd ce qu'elle aime, & le perd sans retour.
LE CHOEUR.
 Que l'air de nos cris retentisse,
 Que chacun partage à son tour
 L'horreur d'un si cruel supplice.
FIN.

VENUS
ET
ADONIS,
TRAGÉDIE

REPRESENTÉE POUR LA PREMIERE FOIS

PAR L'ACADÉMIE ROYALE
DE MUSIQUE,

L'An 1697. *Remise au Théatre, pour la seconde fois, le Mardi dix-sept Août* 1717.

Le prix est de trente sols.

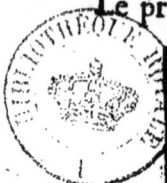

A PARIS,

Chez PIERRE RIBOU, seul Libraire de l'Académie Royale de Musique, Quai des Augustins, à la Descente du Pont-Neuf, à l'Image S. Loüis.

M D C C X V I I.
Avec Approbation & Privilege du Roi.

PRIVILEGE DU ROY.

LOUIS par la grace de Dieu Roi de France & de Navarre: A nos amés & Feaux Conseillers les gens tenans nos Cours de Parlement, Maîtres des Requêtes ordinaires de notre Hôtel, Grand Conseil, Prevôt de Paris, Baillifs, Senechaux, leurs Lieutenans Civils, & autres nos Justiciers qu'il appartiendra, Salut. Les Sieurs Besnier Avocat en Parlement, Chomat, Duchesne, & de la Val de S. Pont, Bourgeois de notre bonne ville de Paris, Nous ont fait remontrer, qu'en consequence de l'Arrêt de notre Conseil du 12. Decembre 1712. du Traité fait entre eux & les Sieurs de Francine & Dumont le 24. desd. mois & an, & de nos Lettres Patentes du 8. Janvier ensuivant, confirmatives du Traité, ils auroient acquis le Privilege de faire representer les Opera durant le tems de vingt années, à compter du 20. Aout 1712. ainsi que le Privilege de la vente des paroles desd. Opera, lesquelles ils desireroient faire imprimer pour les donner au Public, s'il Nous plaisoit leur accorder nos Lettres de Privilege sur ce necessaires. A CES CAUSES, desirant favorablement traiter les Exposans, attendu les charges dont l'Académie Royale de Musique se trouve oberée, & les grandes depens qu'il convient de faire tant pour l'impression que pour la gravure en taille-douce des planches dont ce Livre sera orné, Nous leur avons permis & permettons par ces Presentes de faire imprimer & graver les Paroles & la Musique, de tous lesd. Opera qui ont été ou qui seront representées par l'Académie Royale de Musique, tant separément que conjointement, en telle forme, marge, caractere, nombre de volumes & de fois que bon leur semblera, & de les faire vendre & debiter par tout notre Royaume pendant le tems de dix-neuf années consecutives, à compter du jour de la datte desdites Presentes. Faisons defenses à toutes personnes, de quelque qualité & condition qu'elles puissent être, d'en introduire d'impression étrangere dans aucun lieu de notre obeïssance, & à tous Imprimeurs, Libraires, Graveurs, & autres, d'imprimer, faire imprimer, vendre, faire vendre, debiter, ni contrefaire lesdites impressions, planches & figures, en tout ni en partie, sans la permission expresse & par écrit desd. Sieurs Exposans, ou de ceux qui auront droit d'eux, à peine de confiscation des exemplaires contrefaits, de six mille liv. d'amende contre chacun des contrevenans, dont un tiers à nous, un tiers à l'Hôtel-Dieu de Paris, l'autre tiers ausdits Sieurs Exposans & de tous dépens, dommages & interêts, à la charge que ces Presentes seront enregistrées tout au long sur le Registre de la Communauté des Imprimeurs & Libraires de Paris, & ce dans trois mois de la datte d'icelles, que la gravure & impression desdits Opera sera faite dans notre Royaume & non ailleurs, en bon papier & en beaux caracteres, conformément aux Reglemens de la Librairie, & qu'avant de les exposer en vente il en sera mis deux Exemplaires dans notre Bibliothteque publique, un dans celle de notre Château du Louvre, & l'autre dans celle de notre très-cher & feal Chevalier Chancelier de France le Sieur Phelypeaux Comte de Pontchattrain, Commandeur de nos Ordres, le tout à peine de nullité des Presentes; du contenu desquelles vous mandons & enjoignons de faire joüir lesd. Sieurs Exposans; ou leurs ayans cause, pleinement & paisiblement, sans souffrir qu'il leur soit fait aucun trouble ou empêchement. Voulons que la copie desdites Presentes, qui sera imprimée au commencement ou à la fin desd. Opera, soit tenuë pour düement signifiée, & qu'aux copies collationnées par l'un de nos amés & feaux Conseillers & Secretaires foit soit ajoutée comme à l'Original. Commandons au premier notre Huissier ou Sergent de faire pour l'execution d'icelles tous actes requis & necessaires; sans demander autre permission, & nonobstant Clameur de Haro, Charte Normande, & Lettres à ce contraires: Car tel est notre plaisir. Donné à Versailles le 20. jour d'Août l'an de Grace 1713. & de notre Regne le soixante-onziéme. Par le Roi en son Conseil. Signé BESNIER avec paraphe, & scellé.

Nous avons cédé à M. Ribou le present Privilege suivant le Traité fait avec lui le 17. Juillet dernier 1713. A Paris le 22 Aout 1713. Signé, BESNIER.

Registré sur le Registre avec la Cession n. 3. de la Communauté des Libraires & Imprimeurs de Paris, page 648. n. 731. conformément aux Reglemens, & nottamment à l'Arrêt du Aout 1703. Fait à Paris, ce 11. Septembre 1713. L. JOSSE, Syndic.

ACTEURS CHANTANS
DU PROLOGUE.

PARTHENOPE, *Nymphe*,	Mlle. Joubert,
MELICERTE, *Nymphe*,	Mlle. Pouffin,
PALEMON, *Pafteur*,	M^r. Lemire,
DIANE,	M. Millon.
Deux Bergeres,	Mlles Pafquier & Limbourg.

Troupe de Nymphes & de Bergers.
Chœur de Bergers.

Noms des Acteurs & des Actrices chantans dans tous les
Chœurs du Prologue & de la Tragedie.

COSTE' DE LA REINE.	COSTE' DU ROI.
Mefdemoifelles	*Mefdemoifelles*
Guillet.	Caron.
Millon.	Veron.
Tettelette.	Gentilhomme.
Limbourg.	La Garde.
Pafquier.	Chevalier
La Roche.	Chalard.
Meffieurs	*Meffieurs*
Corbie.	Deshais.
Alexandre.	Dautrep.
Morand.	Corail.
Lemire-L.	Houbeau.
Fauffié.	Lavigne.
Boullai.	Lebel.
Dun, le fils.	Dupleffis.
Venec pere.	Duchéne.
Thomas.	Le Jeune.
	Paris.

2

ACTEURS DANSANS
DU PROLOGUE.

PEUPLES:

Monſieur Marcel, Madèmoiſelle Menés.

Meſſieurs P. Dumoulin, Dangeville.
Meſdemoiſelles Haran, Brunel.

BERGERS & BERGERES.

Meſſieurs Dumoulin-L., Pierret, Dupré,
Meſdemoiſelles Iſecq, Dupré, Lemaire.

Un PASTRE.

Monſieur F. Dumoulin.

ACTEURS DANSANS
DE LA TRAGEDIE.

ACTE PREMIER.
HABITANS DE L'ISLE DE CYPRE

Messieurs P. Dumoulin, Dangeville, Javilliers, Pierret.
Mademoiselle Guyot.
Mesdemoiselles Haran, Brunel, Dupré, Duval.

ACTE SECOND.
SUITE DE LA JALOUSIE.

Monsieur Blondy.
Messieurs Ferrand, Marcel, F. Dumoulin, Pecourt,
P. Dumoulin, Dangeville, Guyot, Malterre.

ACTE TROISIE'ME.
FESTE DE VENUS.
LES GRACES.

Mademoiselle Prevost.

Mesdemoiselles Menés, Isecq, Dupré.
Messieurs P. Dumoulin, Pecourt, Guyot, Malterre.
Mesdemoiselles la Ferriere, Haran, Duval, Brunel.

ACTE QUATRIE'ME.

GVERRIERS.

Meſſieurs Ferrand , Blondy , Marcel , Javilliers,
Pierret , Dupré.

PEVPLES.

Meſſieurs F. Dumoulin , D. Dumoulin , Pecourt,
Dangeville , Malterre , Guyot.

ACTE CINQUIE'ME.

PEVPLES D'AMATHONTE.

Monſieur D. Dumoulin.
Mrs Dangeville, Pecourt , Pierret , Dupré,
Guyot , Maltterre.

PROLOGUE.

PROLOGUE.

Le Théatre represente une Plaine bornée par un Palais.

PALEMON, MELICERTE, & PARTHENOPE.

Uittez, quittez Bergers, vos paisibles Hameaux.

MELICERTE.
Déja la vigilante Aurore,
A payé le tribut qu'elle devoit à Flore.

PARTHENOPE.
Le Soleil sort du sein des Eaux,
Et ses premiers rayons vont dorer nos côteaux.

PALEMON.
Mille fleurs se pressent d'éclore,
Et l'Echo se réveille au doux chant des Oiseaux.

b

PROLOGUE.

ENSEMBLE.

Quittez, quittez Bergers, vos paisibles Hameaux.

LE CHOEUR.

Quittons nos paisibles Hameaux.

ENSEMBLE.

Ah ! que nos deftins font tranquiles !
Cerés dans nos Plaines fertiles,
Répand fes plus riches moiffons :
Nos jours coulent dans l'innocence,
Et nous bornons notre efperance
Aux feuls biens dont nous joüiffons.

PALEMON.

Envain le flambeau de la guerre
Etincelle de toutes parts,
Envain l'impitoyable Mars,
Fait voler fa fureur aux deux bouts de la Terre :
On ne craint point ici fes ravages affreux,
Et tandis que la foudre gronde,
Nous joüiffons d'un calme heureux,
A l'abri des lauriers du plus grand Roi du monde.

MELICERTE.

Ce Roi toujours victorieux,
Détourne loin de nous la guerre & fes allarmes.
C'eft lui qui foutient feul par l'effort de fes armes,
Les droits de la Terre & des Cieux.

PARTHENOPE.

Sa gloire eft parvenuë aux plus lointains rivages,

PROLOGUE.

Et ſes Exploits ſont réverez
Juſques dans ces climats ſauvages,
Où les Dieux ſont preſque ignorez.

ENSEMBLE.

Deſtins favorables
Recevez nos vœux,
Que ces jours durables
Soient toujours heureux!

PARTHENOPE.

O! vous dont le pouvoir remplit la Terre & l'Onde,
Souverains Arbitres du monde,
Vous qui dans vos puiſſantes mains
Tenez le ſort des Rois & les jours des humains;
Grands Dieux, conſervez-nous notre unique eſpe-
rance,
Prenez ſoin d'un Heros, le bonheur des Mortels,
L'appui de la vertu, l'eſpoir de l'innocence,
Et le ſoutien de vos Autels.

LE CHOEUR.

Deſtins favorables,
Recevez nos vœux,
Que ces jours durables
Soient toujours heureux!

PROLOGUE.

Les Nymphes & les Bergers expriment leurs joye par leurs danses.

UNE BERGERE *chante cette Gigue, au milieu de l'Entrée.*

Demeurons dans ce doux azile,
   Vivons-y contents ;
Des jours que la Parque nous file,
Il faut ménager les instants.
Profitons du jour qui nous éclaire ;
Il va bientôt faire place à la nuit.
   D'une aîle legere
   Le tems s'enfuit.
La beauté n'est rien qu'une fleur passagere,
   Qu'un hyver détruit :
   Et pour peu qu'on differe,
   On en perd e fruit.

PARTHENOPE.

Dequoi vous peut servir une attente frivole ?
Soupirez, jeunes cœurs, profitez des beaux
   jours :
Comme un Zéphir leger, la jeunesse s'envole.
Et les momens qu'on perd font perdûs pour tou-
   jours.

Sans efpoir de retour cette Onde fuit fa fource,
Et ces flots vers la Mer par les flots font chaffez :
Nos plaifirs , nos beaux jours, vont d'une égale
    courfe ,
Et ne reviennent plus, fitôt qu'ils font paffez.

UNE BERGERE *chante ce Menuet avec le Chœur.*

Profitez de la vie ,
Beautez , faites un choix ,
L'Amour vous y convie ,
Aimez , fuivez fes loix.

LE CHOEUR.

Profitez de la vie ,
Beautez , faites un choix ,
L'Amour vous y convie ,
Aimez , fuivez fes loix.

LA BERGERE

Que fert de fe défendre
De fes charmants appas ,
Ce Dieu fçait nous furprendre
Quand nous n'y penfons pas.

DIANE *sur son Char.*

Cessez de profaner un encens legitime,
Ne mêlez plus l'Amour & ses coupables Loix,
Au récit des Vertus du plus parfait des Rois;
    Songez en quel affreux abîme,
      Ce Dieu précipite les cœurs,
Qui se laissent surprendre à ses charmes trom-
peurs.

Adonis autrefois soumis à ma naissance,
     N'osa lui faire résistance;
     Je vais vous retracer son sort :
     Heureux, si l'exemple fidele,
Des maux où le plongea cette ardeur crimi-
nelle,
Peut vous porter à fuir un semblable transport.

    Aimez d'une ardeur plus belle,
Pour le plus grand des Rois reservez vos con-
certs,
     Et faites retentir les airs,
Du récit éclatant de sa gloire immortelle.

LE CHOEUR.

Aimons d'une ardeur plus belle,
Pour le plus grand des Rois refervons nos con-
    certs,
      Et faifons retentir les airs,
Du récit éclatant de fa gloire immortelle.

Fin du Prologue.

ACTEURS
DE LA TRAGEDIE.

ADONIS, *Fils de Cyniras Roi de Cypre*,
M· Cochereau.

CYDIPE, *Princeſſe du Sang des Rois de Cypre*,
Mlle Antier.

VENUS,   Mlle Punet.

MARS,   M. Thevenard.

Un Suivant de MARS,   M. Murayre.

Chœur & Troupe de Peuples de differens endroits de l'Iſle de Cypre.

LA JALOUSIE,   M. Dun.

Suite de la JALOUSIE, *les Soupçons, le Dépit, la Fureur, la Haine, &c.*

Suite de VENUS, *les Graces, les Plaiſirs.*

*Suite d'*ADONIS.

BELLONE,   Mlle Pouſſin.

Un Habitant,   M. Guedon.

Un Plaiſir,   M. Murayre.

Deux Habitantes,   Mlles Paſquier & Limbourg.

Un Habitant,   M. Boulay.

Une Habitante,   M^{ll}e Conſtance.

Chœur & Troupe de Guerriers de la ſuite de BELLONE.

Troupe de Peuples qui ſont pourſuivis par la ſuite de BELLONE.

Chœur & Troupe d'Habitans de la Ville d'Amathonte, & des Campagnes voiſines.

       La Scene eſt dans l'Iſle de Cypre.

                       VENUS

VENUS
ET
ADONIS,
TRAGEDIE.

ACTE PREMIER.

Le Theatre represente le costé de la Forest d'Ida,
le plus proche d'Amathonte, & dans l'enfonce-
ment, un Temple consacré à Venus.

SCENE PREMIERE.

CYDIPE.

Lieux écartez, demeure obscure,
Solitaires témoins des peines que j'endure,
Azile impénetrable à la clarté du jour;
Redoublez, s'il se peut, l'épaisseur de vos ombres,

A

Et cachez à jamais, dans vos retraites sombres,
  Mon desespoir & mon amour.
L'insensible Adonis ne connoît point encore
  Ce qui fait naître ma langueur :
Quel supplice pour moi, si mon cruel Vainqueur,
  Sçavoit l'ardeur qui me devore !
Amour, seul confident du trouble de mon cœur,
Ne lui revele point un secret qu'il ignore,
  Puisque les maux que j'ai soufferts,
N'ont pû me délivrer d'une chaîne cruelle ;
Epargne-moi, du moins, la tristesse mortelle
D'étaler à ses yeux, la honte de mes fers.

SCENE II.

CYDIPE & ADONIS.
ADONIS.

VEnus vient honorer nos tranquiles rivages,
  Le choix d'un nouveau Roi, l'amene en ce
séjour
Nos Peuples rassemblez dans ces heureux Bocca-
ges,
Celebrent par leurs chants, la Mere de l'Amour.
Sa tendresse, pour vous, exige vos hommages.

Vous poſſedez ſon cœur, vous regnez dans ſa Cour;
Cependant vous venez rêver ſous ces ombrages,
Et ſemblez ſeule ignorer ce grand jour.

CYDIPE.

Le repos & la paix, borne mon eſperance,
    Et je les trouve dans ces lieux.

ADONIS.

    Nos jeux, notre réjoüiſſance,
    N'ont-ils rien qui flatte vos yeux?
    A nos Concerts harmonieux,
Pouvez-vous préferer les horreurs du ſilence?

CYDIPE.

Le ſilence des Bois, n'inſpire de l'effroi,
Qu'aux cœurs exemts d'inquietude;
Vous êtes trop heureux, pour ſentir comme moi,
    Les douceurs de la ſolitude.

ADONIS.

D'un importun chagrin, craignez-vous les ri-
gueurs?
Il n'eſt point parmi nous de Princeſſe plus belle,
Tout cede à vos attraits vainqueurs;
L'amitié vous unit avec une immortelle,
    Et vous partagez avec elle,
    La conquête de tous les cœurs.

CYDIPE.

Helas!

ADONIS.

De ce soûpir, que faut-il que je pense?
Quels sont vos secrets déplaisirs?

CYDIPE.

Vous avez trop d'indifference,
Pour pouvoir penetrer d'où naissent mes soûpirs.

ADONIS.

Si c'est l'amour qui cause vos allarmes,
Que je plains votre sort ! & qu'il est rigoureux!

CYDIPE.

Vous plaignez mes malheurs , sans partager mes
     larmes ;
    Helas, que vous êtes heureux !

ADONIS.

    Les Bois m'ont donné la naissance,
J'ai toujours reveré Diane & son pouvoir ;
Et des cœurs asservis à son obéïssance,
     L'indifference est le premier devoir.

ENSEMBLE.

    Charmante indifference
    Que vous avez d'attraits?
    Redoutons à jamais,
    L'Amour & la Puissance :
    De ses funestes traits,
    Craignons la violence :
    Sa plus belle apparence ,

Sçait tromper nos souhaits ;
Charmante indifference.
Que vous avez d'attraits !

ADONIS.

Mais, le Peuple en ces lieux, vient chanter la Déesse.
Nous devons partager la commune allegresse.

SCENE III.

CYDIPE , ADONIS , CHOEUR
& Troupes de Peuples de differents endroits
de l'Isle de Cypre.

LE CHOEUR.

DE nos transports ,
Suivons l'ardeur fidele ,
Une Immortelle,
Descend sur ces bords ;
Formons pour elle ,
Nos plus doux accords.
Avec les Jeux , les Amours vont paroître ,
Mille plaisirs ,
Vont combler nos desirs ,
Dans ces beaux lieux , Venus les fait renaître.

A iij

Deux des Filles du Chœur.

Tout rit dans ce charmant séjour,
Nos Bois font parez de verdure ;
Dans les Boccages d'alentour,
L'Air retentit d'un doux murmure ;
Le celeste flambeau du jour :
Répand sa clarté la plus pure :
Et l'on diroit que toute la Nature,
Vient rendre hommage à la Mere d'Amour.

*Les Habitans de l'Isle témoignent par des Danses
la joye que leur donne l'espoir de voir
leur Déesse.*

*Un des Habitans chante cette Gavotte au milieu
de l'Entrée.*

C'eft en vain qu'un cœur fauvage,
Fuit les amoureuses loix ;
Dans le Printems de notre âge,
Ne fongeons qu'à faire un choix :
Un cœur en eft-il moins fage,
Pour s'engager une fois ?

*Une des Filles chante cette feconde Gavotte,
avec le Chœur.*

Jeunes Cœurs, fongez à plaire,
C'eft un doux amufement;
Aux foûpirs d'un Cœur fincere :
L'on refifte foiblement,
Et la fierté ne tient guere,
Contre les foins d'un Amant.

LE CHOEUR *pendant que Venus defcend.*

Chantons, celebrons les appas
De la Divinité qui defcend ici bas :
Que de beaux jours fa prefence nous donne !
Les graces & les ris, la fuivent en tous lieux,
Et la pompe qui l'environne,
Reçoit tout fon éclat de celui de fes yeux.

SCENE IV.

VENUS, ADONIS, CYDIPE,
CHOEUR & *Troupe,* &c.

VENUS.

VOus qui reconnoiffez ma puiffance fuprême,
Peuple, écoutez - moi, fuivez mes juftes.
loi x

Pour remplir en ces l'eux l'honneur du Diadême,
En faveur d'Adonis j'ai sçû fixer mon choix :
Dans le sang de vos Rois ce Prince a pris naif-
  sance,
Honorez à jamais un choix si glorieux ;
Le seul tribut qui puisse plaire aux Dieux,
  Est la sincere obéïssance.

    ADONIS.

Quels respects! quel encens!...

    VENUS.

      Il suffit, laissez-moi,
Votre moindre bonheur, est celui d'être Roi ;
Vous connoîtrez bientôt , quel est votre partage :
Vous , Peuples , que mon choix a rangez sous sa
  loi,
Allez, dans son Palais , par un pompeux homma-
  ge,
Faire à ses yeux , éclater votre foi.

SCENE V.

SCENE. V.
VENUS & CYDIPE.

CYDIPE.

ADonis est comblé de gloire,
Vos bienfaits vont encor redoubler sa fierté.

VENUS.
Adonis est content, il m'est doux de le croire ;
Mais, si par mes bienfaits, son orgüeil est flaté,
Quel doit être l'excez de sa felicité,
    Quand il connoîtra la victoire,
Que le cœur de Venus offre à sa vanité ?

CYDIPE *à part.*

Qu'entens - je ? ô Ciel !

VENUS.
      Il faut parler sans feinte ;
  En vain je te voudrois celer
  L'ardeur dont mon ame est atteinte,
  Mon mal s'accroît à le dissimuler :

Il te souvient d'un jour qu'un pompeux sacrifice
  Me fit descendre dans ces lieux.

B

Sur l'aimable Adonis, je détournai les yeux ;
Ce funeste regard, commença mon supplice,
Je sentis à l'instant, dans mes esprits charmez,
Naître tous les transports d'une ardeur violente,
Et le seul souvenir, du Heros qui m'enchante
 Ne les a que trop confirmez.

CYDIPE.
Pouvez-vous du Dieu Mars oublier la tendresse ?
Favorable autrefois aux feux qu'il sent pour vous,
D'un mutuel amour, vous ressentiez les coups.
Pour un simple Mortel, aurez-vous la foiblesse,
 De briser des liens si doux ?

VENUS.
Adonis est mortel, Mars est un Dieu terrible :
 Ses soins me feroient précieux,
Si la splendeur du rang pouvoit rendre sensible ;
Mais le penchant du cœur, suit le plaisir des yeux,
Et l'Amour rend égaux les Mortels & les Dieux.

CYDIPE.
 Par cette injuste préference,
 Craignez d'aigrir la violence,
 De son implacable couroux ;
 La plus redoutable vengeance,
 Est celle de l'Amour jaloux.

VENUS.
Mes soins garantiront l'objet qui m'a sçû plaire

Des transports de ce Dieu fatal ;
Les vains efforts de sa colere,
Serviront de Trophée à son heureux Rival ;
Mais allons voir ce que j'adore,
Amour ! toi qui causas l'ardeur qui me devore,
Frappe son cœur des mêmes traits,
J'oublirai tous les maux que ta rigueur m'a faits.

CYDIPE *en s'en allant.*

Dieux qui voyez les maux dont je suis poursuivie,
Prévenez ce malheur, ou m'arrachez la vie.

Fin du premier Acte.

ACTE SECOND.

Le Theatre represente le Palais des Rois
de Cypre.

SCENE PREMIERE.

ADONIS.

HOmmages importuns, que ma grandeur m'at-
tire,
  Dans le rang auguste où je suis,
Pour un moment, souffrez que je respire,
Et laissez-moi, sans vous, rêver à mes ennuis.

Quels transports inconnus ? quelle langueur secrete !

Dieux, que mon cœur eft agité !
Malheureux Adonis, quel trouble t'inquiéte,
Ah ! fi tu dois enfin perdre ta liberté ,
 Faut-il qu'une Divinité,
Soit le premier objet de ta flâme indiscrete ?
 Mais elle porte ici fes pas.
Que de troubles divers, s'élevent dans mon ame !
 Mes yeux ne me trahiffez pas ,
Cachez bien le fecret de ma nouvelle flâme.

SCENE II.

VENUS & ADONIS.

VENUS.

JE vous voi feul en ce Palais ,
Quoi, déja vous fuyez la cour & fes attraits ?
Tous les foins d'un grand Peuple attentif à vous
 plaire,
 Sont-ils d'affez triftes objets ,
Pour vous rendre inquiet, rêveur & folitaire ?
 ADONIS.
 La folitude a fes douceurs ,

 B iiij

Et quelquefois la rêverie ,
Fait le plus doux charme des Cœurs.

V E N U S.

La folitude eft fans douceur ,
Si l'amoureufe rêverie ,
Ne prend foin d'y porter les Cœurs.
Vous aimez , malgré vous, votre ardeur eft trahie,
Vos yeux, de votre Cœur découvrent l'embarras,

A D O N I S.

Moi, j'aimerois ? ô Dieux ! . . .. non , ne le croyez pas.

V E N U S.

Vous voulez affeéter le titre d'Infenfible ;
Cependant votre cœur foûpire en ce moment,
　　Et les foûpirs font rarement,
　　Le langage d'un Cœur paifible :

　　Ne puis-je , enfin vous arracher ,
　　Un aveu qui foit plus fincere ?

A D O N I S.

Ah ! que me ferviroit d'éclaircir un myftere ,
　　Que je dois à jamais cacher ?
Non, non , quand j'aimerois, tout me force à me
　　taire ,
Il n'appartient qu'aux Dieux d'afpirer à vous plaire;
Les foûpirs d'un Mortel, pourroient-ils vous toucher?

VENUS.

Les Dieux, à qui tout est possible,
Du bonheur d'un Mortel, pourroient être jaloux :
Il en est, qui peut-être ont le cœur plus sensible,
Et qui sont moins heureux que vous.

ADONIS.

Ciel, quel aveu charmant ! qui l'eût jamais pû croire ?

VENUS.

Connoissez, il est tems, quel est votre victoire ?

ENSEMBLE.

Aimons à jamais , aimons-nous ,
Faisons d'un nœud si beau notre bonheur suprême :
Eh ! quel autre bien est plus doux ,
Que celui d'être aimé du seul objet qu'on aime ?

VENUS.

D'une Cour empressée , allez remplir l'espoir ,
Elle attend le moment de vous marquer son zele ;
Allez , dans peu de tems, je pourrai vous revoir ,
Et je veux qu'une fête auguste & solemnelle ,
Signale avec éclat notre ardeur mutuelle.

SCENE III.

VENUS & CYDIPE.

VENUS.

P Rend part chere Cydipe au bonheur de mes
    feux,
  Adonis répond à mes vœux.

CYDIPE.

Que dites-vous ? l'Amour a pû flechir son ame ?

VENUS.

Mes regards ont été les témoins de sa flâme,
Du destin de Venus, conçois-tu la douceur ?
Mais, non, jamais l'Amour n'a sçû toucher ton cœur,
Et pour pouvoir juger de mon bonheur extrême,
  Il faudroit aimer comme j'aime.

CYDIPE *à part.*

Ciel ! puis-je soûtenir l'horreur de mon tourment ?

VENUS.

Adieu, l'Amour m'appelle auprès de mon Amant,
Je ne puis resister à mon impatience ;
  Quand on aime parfaitement,
  C'est toujours une longue absence,
  Que l'absence d'un seul moment.

SCENE IV.

SCENE IV.

CYDIPE.

AY-je affez éprouvé ton injufte colere ;
Amour, es-tu content des rigueurs de mon fort ?
Quoi, prête à découvrir mon funefte myftere,
Quand je viens fur l'Ingrat, faire un dernier effort,
J'apprens qu'un autre a fçû lui plaire ?
Le Barbare content de me donner la mort,
Affectoit pour moi feul, un orgüeil fi fevere :
Ah Dieux ! .... mais que me fert de répandre des
     pleurs ?
Frivoles déplaifirs, inutiles douleurs !
     Tandis que je me defefpere,
Ma Rivale en repos, joüit de mes malheurs.

O Mars, fouffriras-tu cette injure cruelle ?
Que fais-tu dans les Cieux, tandis qu'une Infidele,
Trahit pour un Mortel, ton efpoir le plus doux ?
     Mars terrible, Mars formidable,
De ton couroux vangeur, fai leur fentir les coups,
Immole ces Ingrats à ta haine implacable :
     Et toi farouche Déité,
Affreufe jaloufie, aux Mortels fi funefte,

C

Prend ton essort vers le séjour celeste,
Empare-toi du cœur de ce Dieu redouté ;
     Fai-lui d'un si sensible outrage,
     Une Image pleine d'horreur,
     Et lance dans ce fier courage,
     Ces traits de rage & de fureur,
Des vangeances d'un Dieu, redoutable présage.

SCENE V.

CYDIPE & LA JALOUSIE.

LA JALOUSIE.

TA voix a reveillé mes transports furieux,
     Je veux seconder ta vangeance,
Et par de promts effets, signaler ma puissance ;
C'est trop laisser en paix & la Terre & les Cieux.

     Ministres de mes barbaries,
     Noirs Soupçons, jalouses Furies,
     Quittez le séjour des Enfers,
Pour venir avec moi, troubler tout l'Univers :
Volez, dispersez-vous du Couchant à l'Aurore,
Exerçons en tous lieux nos funestes rigueurs,
Et jusques dans les Cieux, allons remplir les cœurs,
     De la fureur qui nous devore.

SCENE VI.

LA JALOUSIE, *& fa Suite.*

Les Soupçons, le Depit, la Fureur, le Defefpoir,
la Haine, &c.

LE CHOEUR.

Quittons le féjour des Enfers,
Allons troubler tout l'Univers,
Volons, difperfons-nous du Couchant à l'Aurore,
Exerçons en tous lieux nos funeftes rigueurs,
Et jufques dans les Cieux, allons remplir les cœurs
De la fureur qui nous devore.

La Suite de la Jaloufie exprime la joye que
lui donnent les ordres qu'elle vient de recevoir.

LE CHOEUR.

Quel plaifir, de répandre
Dans un cœur trop tendre
Un trouble fatal !
Les plus triftes allarmes,
Nous offrent les charmes
D'un bien fans égal :
La fureur & la rage,

C ij

Quand on les partage,
Ne font plus un mal.
Quel plaifir, de répandre
Dans un cœur trop tendre
Un trouble fatal !

Nous chaffons l'allegreffe ;
L'affreufe triftefle
Nous fuit en tous lieux.
Notre rage inhumaine
Triomphe fans peine
Jufques dans les Cieux.
Leur demeure tranquile
N'eft pas un azile
Pour les grands Dieux.
Nous chaffons l'allegreffe ;
L'affreufe triftefle
Nous fuit en tous lieux.

Fin du fecond Acte.

ACTE TROISIÉME.

Le Theatre represente un Jardin , que Venus a fait orner pour la fête qu'elle prépare à Adonis.

SCENE PREMIERE.

MARS.

Quelle pompe nouvelle éclate dans ces lieux?
Pour qui sont destinez ces aprêts odieux?
Tout me confirme ici mon funeste présage;
Secrets pressentiments, qui déssillez mes yeux;
Ah! ne m'avez-vous fait abandonner les Cieux,
Que pour être témoin des feux d'une volage?

C iij

Allons, il faut m'en éclaircir ;
Je sçaurai penetrer ce funeste mystere,
Et dans le vif éclat de ma juste colere,
Malheur à qui m'ose trahir.

SCENE II.

MARS, UN DE SES SUIVANTS.

UN SUIVANT DE MARS.

JE ne puis rien comprendre à ce desordre horrible
Où votre cœur semble floter.

MARS.

Tu vois un exemple terrible,
Des tourments où l'amour sçait nous précipiter :
J'ignorois l'affreuse tristesse
Qu'une jalouse crainte excite dans les cœurs ;
A mes yeux prévenus l'Amour s'offroit sans cesse,
Entouré de mille douceurs :
Mais Venus sur la terre, aujourd'hui descenduë
Pour la premiere fois, éloigné de ses yeux,
Tout ce qu'un noir soupçon a de plus furieux,
A frappé mon ame éperduë ;
J'ai crû, dans mes sombres terreurs,
Voir en de nouveaux fers cette Amante volage.

Bientôt la Jaloufie, allumant mes fureurs,
M'a tracé vers ces lieux un fidele paffage,
Et j'y viens plein d'amour, de colere, & de rage,
D'un foupçon fi cruel éclaircir les horreurs.

UN SUIVANT DE MARS.

Un cœur, qui s'abandonne à fon inquietude,
Se repent bien fouvent d'en avoir trop appris,
  Et peu d'Amants fçavent le prix
  D'une flateufe incertitude.

MARS.

Non, il faut, pour calmer l'excez de mon tourment,
En immoler la caufe à mon reffentiment;
  Tremble, Déeffe criminelle,
  Tremble; pour ton heureux Amant;
  Je vais, par une mort cruelle,
  Le punir de ton changement,
  Et le malheur d'être Immortelle
  Suffira pour ton châtiment.

UN SUIVANT DE MARS.

Laiffez-vous moins féduire au confeil peu fidele
  D'un temeraire emportement.

  Une Maîtreffe qu'on offenfe,
  Par une trop rude vangeance,
  Tôt ou tard fe vange à fon tour:
  Et dans une Beauté legere,

L'aigreur d'une juste colere
Est plus à craindre que l'amour.

MARS.

Si je puis averer l'outrage,
Que mon cœur me fait pressentir,
Je sçaurai m'épargner les maux d'un repentir,
Par le mépris d'une volage :

Mais, de quels chants nouveaux retentissent les airs ?
Qu'entens-je ?

UN SUIVANT DE MARS.

C'est Venus, que nous voyons paroître.

MARS.

Sans doute, cet Amant, que je cherche à connoî-
tre,
Vient prendre part à ces concerts :
Cachons-nous aux yeux de l'Ingrate ;
Pour un moment encor contraignons mes fureurs,
Avant que ma vangeance éclate ;
Je veux approfondir le secret de leurs cœurs.

SCENE III.

SCENE III.

VENUS, ADONIS, *Suite de* VENUS,
*& Suite d'*ADONIS.

LE CHOEUR.

HEureux Amants, que vos flâmes font belles,
  Que vos nœuds font doux !
   Soyez fideles,
Les plus beaux jours ne font faits que pour vous;
Les doux tranfports de votre ardeur naiffante
   Font tous vos plaifirs :
L'amour prend foin de former vos defirs;
   Il vous exemte
   Des triftes foûpirs.
Heureux Amants, que vos flâmes font belles,
  Que vos nœuds font doux !
   Soyez fideles,
Les plus beaux jours ne font faits que pour vous.

VENUS & ADONIS.

Tendre prix des ames conftantes,
  Ardeurs charmantes,
  Douces langueurs,
Soyez fans ceffe renaiffantes.

        D

Douces langueurs ,
Ardeurs charmantes ,
Regnez à jamais dans nos cœurs !

LE CHŒUR.

Connoi le prix d'une si grande Gloire ,
Mortel trop heureux.
Quelle victoire ,
Le tendre Amour vient offrir à tes vœux !
C'est pour toi seul , qu'une aimable Déesse
Descend dans ces lieux ,
Tu la contrains de mépriser les cieux ,
Et la tendresse
D'un des plus grands Dieux ;
Connoi le prix d'une si grande gloire ,
Mortel trop heureux ,
Quelle victoire ,
Le tendre Amour vient offrir à tes vœux !

*Les Graces , les Plaisirs , & toute la Jeu-
nesse galante de l'Isle de Cypre , viennent rendre
leurs hommages à Venus & à Adonis.*

UN DES PLAISIRS *chante ce Menuet avec le* CHŒUR.

Non , ce n'est point la grandeur suprême,
Que fait trouver le fort le plus heureux.

LE CHOEUR.

Non, ce n'eſt point la grandeur ſuprême
Qui fait trouver le ſort le plus heureux.

UN PLAISIR.

L'éclat pompeux d'une puiſſance extrême
N'exemte pas de mille ſoins fâcheux.

LE CHOEUR.

Non, ce n'eſt point la grandeur ſuprême
Qui fait trouver le ſort le plus heureux.

UN PLAISIR.

Se voir cheri de l'objet que l'on aime,
Vivre contens, former les mêmes vœux,
C'eſt le ſouverain bien des Dieux même.

LE CHOEUR.

Non, ce n'eſt point la grandeur ſuprême
Qui fait trouver le ſort le plus heureux.

Une des Graces, chante ce Menuet alternati-
vement avec le Chœur.

Lorſque l'Amour dans ſes nœuds nous appelle,
Pourquoi s'armer d'une vaine fierté ?
Il vaut mieux prendre une chaîne ſi belle,
Que de languir dans notre liberté.

Second Couplet.

Ne craignons point de lui rendre les armes,
Ne craignons point de pouſſer des ſoupirs ;

D ij

Si quelquefois il fait verser des larmes,
On en est trop payé par ses plaisirs.

LE CHOEUR.

Mars paroît, justes Dieux! quelle fureur l'inspire!
Quels regards menaçans les yeux lancent sur nous.

VENUS.

Ne craignez rien, allez, qu'un chacun se retire;
J'appaiserai bientôt ses mouvements jaloux.

SCENE IV.

MARS & VENUS.

MARS.

OU sont-ils, ces objets de ma juste vangeance?
Ces Amants odieux, que sont-ils devenus?
En quel lieu?.... Mais, je voi l'infidele Venus:
Perfide, pouvez-vous soutenir ma presence.
Après votre infidelité,
Et ne craignez-vous point mon amour irrité?

VENUS.

De quel injuste effroi votre ame est-elle atteinte?
Quels sont ses indignes soupçons?

MARS.

Ah! finissez une importune feinte,
Mes yeux ont éclairci toutes vos trahisons;

Mais, ne préfumez pas, qu'un Rival temeraire,
Puiſſe ſe garantir des traits de ma colere :
Envain, à mes regards, vos ſoins l'ont ſçû cacher,
Juſques dans les Enfers je ſçaurai le chercher.

Ne tardons plus, cedons au couroux qui m'anime,
    Suivons cet Amant fortuné,
Qu'il ſoit de mes fureurs la premiere victime,
    Et que l'Univers étonné,
Frémiſſe en apprenant ma vangeance & ſon crime.

VENUS.
Je vois avec plaiſir ce dépit éclatant,
Il m'aſſure un amour délicat & conſtant.

    On connoît mieux un cœur ſenſible,
    Dans l'éclat d'un jaloux tranſport,
    Que dans l'aſſurance paiſible,
    D'un Amant content de ſon ſort.

MARS.
Non, n'eſperez pas, Infidele,
Que je puiſſe oublier un ſi noir changement.

VENUS.
Venus ſçaura calmer un tel emportement.

MARS.
Non, n'eſperez pas, Infidele,
Que je puiſſe oublier un ſi noir changement.

Plus je vous aime tendrement,
Plus ma haine fera cruelle.

V E N U S.

Cessez de m'outrager par d'injustes transports,
Mon départ vous a fait douter de ma tendresse,
　　Et j'ai sçu, que cette foiblesse
　　Vous avoit conduit sur ces bords.
J'ai voulu vous punir d'un soupçon qui m'offense;
Sous le voile trompeur d'un amour concerté,
J'ai surpris en ces lieux votre credulité,
　　Par une frivole apparence :
Mais, c'est assez longtems joüir de votre erreur,
J'ai pitié des frayeurs où s'égare votre ame,
　　Et mon cœur doit à votre flâme,
　　Le soin de dissiper cette vaine terreur.

M A R S.

Ciel! croirai-je?... mais, non, je voi votre artifice.

V E N U S.

Quoi? vous osez douter de ma sincerité?
Ah! c'est trop d'un Amant, éprouver l'injustice,
　　Je doi rougir de ma lâche bonté,
　　Partez, suivez en liberté,
Les injustes conseils d'un aveugle caprice,
Je vous laisse nourrir vos soupçons odieux,
Allez, & gardez-vous de paroître à mes yeux.

MARS.

Ah ! cruelle, arrêtez. Ciel, quelle est ma foiblesse !
Mais, il faut de mon sort subir la triste loi ;
Un funeste penchant m'entraîne malgré moi,
Et fait de mon dépit triompher ma tendresse.

VENUS.

Non, votre amour n'est point égal à mon ardeur.

MARS.

Ah ! daignez mieux juger des transports de mon
    cœur.

ENSEMBLE.

    Mon ame n'est asservie
    Qu'au seul desir de vous voir ;
    Il fait mon plus doux espoir,
    Il fait ma plus chere envie.

VENUS.

Qu'il m'est doux de vous voir goûter un plein re-
    pos !
Je vais quitter ces lieux, pour me rendre à Paphos.
Je joüirai bientôt de l'heureux avantage,
    De revoir le Dieu qui m'engage.

SCENE V.
MARS.

GOûtons un repos plein d'attraits ;
Le calme d'une heureuse paix
Succede à mes inquietudes.
Cruels soupçons, tristes soûpirs, .
C'est à vos tourments les plus rudes,
Que je dois mes plus doux plaisirs.

Sortons d'une terreur funeste,
Venus a dissipé les troubles de mon cœur,
Retournons au séjour celeste.

SCENE VI.
MARS & CYDIPE.
CYDIPE.

ARrête, Dieu credule, & repren ta fureur:
Séduit par un vain artifice,
Sur la foi des serments d'une ingrate Beauté,
Tu crois tes feux en sûreté ;
Mais, c'est trop faire grace à sa noire injustice.

Tu

Tu vois un cœur en proye aux plus vives douleurs,
Devorée en secret d'une flâme fatale,
J'adorois un Ingrat ; heureuse en mes malheurs,
Puisque j'aimois du moins sans craindre de Rivale,
   Mon cœur souffroit tranquilement :
      Ah ! falloit-il Déesse trop cruelle,
      Oter encor à ma douleur mortelle,
      Un si foible soulagement ?

MARS.

O Ciel ! en quelle erreur mon aveugle tendresse
      Avoit-elle pû me plonger !
      Ah ! je rougis de ma foiblesse ;
Ne quittons pas du moins ces lieux sans nous van-
      ger.

ENSEMBLE.

   Courons à la vangeance,
   Unissons-nous dans nos transports :
   Vangeons par de communs efforts
   Notre amour qu'on offense.

Fin du troisiéme Acte.

E

ACTE QUATRIÉME.

Le Theatre represente la ville d'Amathonte.

SCENE PREMIERE.
VENUS & ADONIS.

VENUS.

D'Une aveugle fureur, Mars n'est plus agité ;
Pour vos jours desormais je n'ai plus rien
　　à craindre ;
Et notre amour en sûreté,
　　Peut s'expliquer sans se contraindre.
Les Peuples de Paphos s'assemblent dans ce jour,
　　Pour celebrer celui de ma naissance :
Je ne puis à leurs Jeux refuser ma présence ;
Mais j'espere bientôt, par un heureux retour,

Reparer les moments, que cette trifte abfence
     Va dérober à mon amour.

ADONIS.

O Ciel ! que venez-vous m'apprendre ?
A quel fupplice affreux m'ofez-vous condamner ?
A peine mes foûpirs ont fçu fe faire entendre,
     Et vous voulez m'abandonner ?

VENUS.

Eft-ce abandonner ce qu'on aime,
Que de s'en éloigner pour un jour feulement ?

ADONIS.

Helas ! dans ma douleur extrême,
Que ce jour malheureux coulera lentement !

VENUS.

Plus l'abfence caufe d'allarmes,
Plus le retour promet de doûceurs & de charmes.

ADONIS.

Songez aux déplaifirs que vous m'allez coûter.

VENUS.

J'en reffens comme vous les cruelles atteintes.

ADONIS.

Vous êtes fenfible à mes plaintes,
     Cependant vous m'allez quitter ?

VENUS.

Par
Pour cet éloignement fouffrez que je ménage
     L'amour que je vous ai donné :

                         E ij

Vous en ferez moins fortuné ;
Mais, vous en aimerez peut-être davantage.

ADONIS.

Pouvez-vous douter de ma foi ?
Que cette défiance eſt injuſte & cruelle !
Ah ! quand on aime comme moi,
Plus on ſe voit heureux, & plus on eſt fidéle.

VENUS.

Un cœur ſans crainte & ſans deſir
Se laſſe bientôt de ſes chaînes :
L'amour s'éteint par les plaiſirs,
Et ſe ralume par les peines.

ADONIS.

Après avoir flaté le plus doux de mes vœux,
Vous m'accablez des traits d'une rigueur mortelle :
Ma peine ſeroit moins cruelle,
Si j'avois été moins heureux.

VENUS.

C'eſt par les chagrins & les larmes,
Que l'amour fait payer ſes plus tendres faveurs :
On eſt peu ſenſible à ſes charmes,
Lorſque l'on n'a jamais éprouvé ſes rigueurs.
Mais, c'eſt trop differer un départ neceſſaire :
Adieu, conſolez-vous dans cet éloignement,
S'il ne faut, pour vous ſatisfaire,
Que partager votre tourment.

SCENE II.
ADONIS.

FUnefte & rigoureufe abfence,
Que vous m'allez coûter de plaifirs & de pleurs !
Envain, d'un promt retour, la flateufe efperance,
Veut calmer mes vives douleurs.
Eloigné des beaux yeux dont je fens la puiffance,
Je ne fonge qu'à mes malheurs :
Funefte & rigoureuie abfence,
Que vous m'allez coûter de foûpirs & de pleurs !

SCENE III.
MARS, CYDIPE & ADONIS.

MARS & CYDIPE.

C'Eft tarder trop longtems à punir ton audace,
Reconnoi le Dieu de la Thrace,
Tremble, temeraire Rival ;
Il eft tems qu'une mort cruelle,
Vange le defefpoir fatal,
Où nous livre aujourd'hui ta flâme criminelle.

E iij

ADONIS.

Eſt-ce un crime de trop aimer,
Quand le Ciel nous a fait un cœur ſenſible & ten-
dre ?.
Si l'amour peut forcer des Dieux à s'enflâmer,
Un Mortel peut-il s'en défendre?

MARS & CYDIPE.

Envain tu crois nous attendrir ;
Perfide, ta mort eſt certaine,
Il faut te réſoudre à perir,
Ou rompre une fatale chaîne.

ADONIS à Cydipe.

Quel ſujet de couroux vous arme contre moi?

CYDIPE.

Puis-je aſſez te punir de m'avoir trop ſçû plaire?
Par les tranſports de ma colere,
Ingrat, connoi l'amour dont je brûle pour toi;

Renonce au penchant qui te guide,
Evite un affreux châtiment.

ADONIS.

Suivez, ſuivez plutôt votre reſſentiment ;
Je crains moins le trépas, que le nom de Perfide.

MARS.

Traître, c'eſt trop ſouffrir tes inſolents diſcours,
Il eſt tems que la mort en termine le cours.

CYDIPE.

Dieux ! que vois-je ? arrêtez , que prétendez - vous
        faire ?
Dieu puiffant , révoquez un Arrêt fi fevere.
Ah ! fi votre couroux ne fçauroit s'appaifer ,
      Que par un fanglant facrifice ,
De mes funeftes jours vous pouvez difpofer ;
Frappez , & terminant ma vie & mon fupplice ,
Dans les flots de mon fang puiffiez-vous épuifer
      Les rigueurs de votre juftice.

MARS.

Quelle indigne pitié calme votre couroux ?
      Mais , je veux bien vous fatisfaire ,
      Et les tranfports de ma colere ,
Dédaignent d'éclater par de fi foibles coups.
      C'eft peu d'une feule victime ,
      Pour calmer mon reffentiment ;
Il faut à mon injure , un vafte châtiment ;
Les peuples de ces bords ont partagé fon crime ,
      Par leur lâche applaudiffement ;
Ils vont tous éprouver la fureur qui m'anime ;
Fui , Traître , hâte-toi de partir de ces lieux :
      Et vous , qui prenez fa défenfe ,
Allez , de fon deftin , gemir loin de mes yeux ,
      Et ne troublez plus ma vangeance.

SCENE IV.

MARS.

C'En est fait, le dépit vient d'éteindre mes
        feux;
    Après un tourment rigoureux,
Qu'il est doux de pouvoir punir une Volage!
    Trop heureux un cœur outragé,
Qui joüit du bonheur de fortir d'efclavage,
    Et du plaifir d'être vangé.

    Venez, implacable Bellone,
Obéiffez aux loix que ma fureur vous donne:
Sauvez-moi de l'affront d'immoler des Ingrats,
Indignes de perir fous l'effort de mon bras;
    Secondez ma jaloufe rage,
    Portez dans ces triftes climats,
    L'effroi, la mort, & le carnage;
Que ce Peuple odieux de coups mortels frappé,
Sous fes murs abattus periffe enveloppé,
Et qu'un fleuve de fang inondant ce rivage,
    Aille, par cent canaux divers,
Annoncer ma vangeance au bout de l'Univers.

SCENE V.

SCENE V.
MARS & BELLONE.

BELLONE.

PAr mes empreſſements connoi quel eſt mon
    zele,
    Je vole où ta fureur m'appelle ;
Bientôt mes cruautez appuyant ton couroux,
    Vont détruire un peuple coupable,
Pour le cœur de Bellone eſt-il un bien plus doux,
    Qu'une vangeance impitoyable ?
Vous qui m'accompagnez dans l'horreur des com-
    bats,
    Hâtez-vous de ſuivre mes pas ;
Servons d'un Dieu vangeur la haine impatiente,
    Courons, uniſſons nos efforts :
Répandons en ces lieux l'horreur & l'épouvante,
    Ravageons ces funeſtes bords.
Que ces murs embraſez, que la terre ſanglante,
    Signalent nos cruels tranſports.
Servons d'un Dieu vangeur la haine impatiente,
    Courons, uniſſons nos efforts.

F

SCENE VI.

MARS, BELLONE, & *Suite de* BELLONE.

LE CHOEUR.

SErvons d'un Dieu vangeur la haine impatien-
te,
    Courons, uniffons nos efforts:
Répandons en ces lieux l'horreur & l'épouvante,
    Ravageons ces funeftes bords.
Que ces murs embrafez, que la terre fanglante,
    Signalent nos cruels tranfports;
Servons d'un Dieu vangeur la haine impatiente,
    Courons, uniffons nos efforts.

Les Suivants de Bellone, un poignard l'epée *dans
une main, & des torches allumées dans l'autre,
portent le ravage dans Amathonte, & en pour-
fuivent les Habitants.*

LE CHOEUR.

Vangeons-nous de l'amour fatal,
    D'un trop heureux Rival.
De ce coupable objet il faut punir la terre;
    Que fa mort couronne à nos yeux
    Les maux qu'ont faits en ces lieux
    La flâme & la guerre;

Vangeons-nous de l'amour fatal,
D'un trop heureux Rival.

MARS.

Arrêtez, suspendez l'ardeur qui vous anime,
Et ne vous chargez point d'une indigne victime.
Le sort d'un Rival odieux,
S'il tomboit sous vos coups seroit trop glorieux :
Je veux que sa mort soit l'ouvrage
Du plus vil habitant des bois.
O toi, dont ce Perfide ose trahir les loix !
Diane, si ton cœur est sensible à l'outrage
Que ces feux t'ont fait recevoir,
Sers-toi, pour le punir, de ton fatal pouvoir ;
Qu'un Monstre furieux s'arme pour son supplice,
Et par cet affreux sacrifice,
Instruisons à jamais les cœurs audacieux,
Du respect qu'ils doivent aux Dieux.

Fin du quatriéme Acte.

ACTE CINQUIÉME.

Le Theatre représente les ruines d'Amathonte
& des Campagnes voisines.

SCENE PREMIERE.

MARS & CHOEUR DE PEUPLES
derriere le Theatre.

MARS.

ENfin, je vai bientôt voir punir qui m'of-
fense,
Diane a satisfait à mon impatience;
Et sans interesser la gloire de mon bras,
Elle a de mon Rival préparé le trépas.

CHOEUR *derriere le Theatre.*

Prenez pitié de notre peine,
Dieux puissants, que nos pleurs appaisent votre
haine !

MARS.

Je vois à ces cris pleins d'horreur,
Que le Monstre déja fait sentir sa fureur.

CHOEUR *derriere le Theatre.*

Prenez pitié de notre peine,
Dieux puissants, que nos pleurs appaisent votre
     haine.

MARS.

Que ces gemissements sont pour moi pleins d'ap-
     pas!
La perfide Venus ne triomphera pas
De mes tourments & de son inconstance.
    Qu'il est doux aux cœurs méprisez
    De retrouver dans la vangeance
Les plaisirs que l'amour leur avoit refusez!

S C E N E   I I.
M A R S   *&*   C Y D I P E.
C Y D I P E.

Ciel ! quel effroyable ravage !
O Mars , foyez touché d'un .fi funefte fort !
Un Monftre animé par la rage ,
Seme de toutes parts l'épouvante & la mort.
Ah ! faut-il que nos pleurs vous trouvent infenfible ,
Et le couroux des Dieux doit-il être inflexible ?

M A R S.

Non , non , rien ne peut m'attendrir ,
Vos Peuples infolents, ne fçauroient trop fouffrir :
Je ne puis trop punir le criminel hommage
Dont ils ont couronné les feux d'une Volage ;
Mais leur jufte trépas n'eft qu'un degré fatal
A la perte de mon Rival.
Diane a de fa mort flatté mon efperance ,
Je n'ai plus qu'à quitter un féjour odieux ;
Je pars , & je vai dans les Cieux,
Attendre le fuecez d'une jufte vangeance.

C Y D I P E.

Il difparoît , ô juftes Dieux !
Adonis va perir, Ciel ! prenez fa défenfe.

SCENE III.

CYDIPE & ADONIS.

CYDIPE.

AH ! Prince, où portez-vous vos pas ?

ADONIS.

Je vais d'un Monſtre affreux délivrer ces climats.

CYDIPE.

Ah ! fuyez une mort certaine.
Diane, & le Dieu Mars, s'arment contre vos jours.

ADONIS.

Je ſçai que ma perte eſt prochaine,
Mais mon Peuple gemit, je vole à ſon ſecours.

CYDIPE.

Tout s'unit, tout conſpire à flater votre envie,
La fortune & l'amour favoriſent vos vœux.

    Ah ! ſi vous mépriſez la vie,
    Que feront les cœurs malheureux ?

ADONIS.

Quand les honneurs du Diadême
M'offriroient encor plus d'appas,
Abſent de la Beauté que j'aime,
Puis-je redouter le trépas ?

Vos feux ont , contre moi , foulevé l'injuftice
D'un Dieu tout prêt à m'immoler :
Si pour moi votre cœur fe fent encor brûler ,
Ma mort fera votre fupplice.

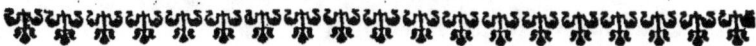

SCENE IV.

CYDIPE.

IL me fuit ? Dieux , quelle rigueur !
Malgré tous fes mépris , je puis l'aimer encore ;
Il me fuit ? & mon lâche cœur
Ne fçauroit étouffer l'ardeur qui le devore ?

Venez , jufte dépit , venez brifer mes fers ,
C'eft à vous de finir ma peine :
L'amour livre mon cœur à mille maux divers,
Je ne puis refifter au penchant qui m'entraîne ,
Et les tourmens que j'ai foufferts
Ne font que refferrer ma chaîne :
Venez , jufte dépit , venez brifer mes fers ,
C'eft à vous de finir ma peine.
Pour punir un Ingrat trop digne de ma haine ,
De funeftes fecours envain me font offerts ,
Helas ! contre des jours fi chers
Je fens que ma colere eft vaine.

Venez ;

Venez, juſte dépit, venez briſer mes fers,
C'eſt à vous de finir ma peine.

CHOEUR *derriere le Theatre.*

Adonis a domté le Monſtre & ſa fureur,
De nos champs déſolez il bannit la terreur.

CYDIPE.

Par ces chants de réjoüiſſance,
J'apprens qu'Adonis eſt vainqueur :
Quoi ? des Dieux conjurez il brave la rigueur ? . . .
Mais, le Peuple en ces lieux s'avance,
Je ne puis plus cacher le trouble de mon cœur.
Fuyons, évitons ſa préſence.

SCENE V.

CHOEUR, *& Troupe de Peuples d'Amathonte, & des Campagnes voiſines.*

LE GRAND CHOEUR.

ADonis a domté le Monſtre & ſa fureur,
De nos champs déſolez il bannit la terreur.

LE PETIT CHOEUR.

Chantons ſa Victoire,
Rendons hommage à ſa Gloire.

G

LE GRAND CHOEUR.

Celebrons à jamais ses efforts genereux ;
C'est sa rare valeur qui va nous rendre heureux.

UNE DES FILLES DU CHOEUR.

Le Ciel , attendri par nos larmes ,
Fait enfin cesser nos allarmes.
Les plaisirs , les beaux jours ,
Vont reprendre leurs cours.

LE GRAND CHOEUR.

Les plaisirs , les beaux jours ,
Vont reprendre leurs cours.

CHOEUR DES FILLES.

Après avoir souffert des rigueurs inhumaines ,
Goûtons le bonheur de voir finir nos peines ;
On ne connoît le prix des plus parfaits plaisirs ,
Qu'après avoir poussé de rigoureux soûpirs.

UN DES HABITANTS.

Nous devons à notre auguste Maître
Le repos que nous voyons renaître.
Quel objet est plus beau pour la valeur d'un Roi,
Que le calme des coeurs qui vivent sous sa loi ?

LE GRAND CHOEUR.

Nous devons à notre auguste Maître ,
Le repos que nous voyons renaître.

Quel objet est plus beau pour la valeur d'un Roi,
Que le calme des cœurs qui vivent sous sa loi ?

LE PETIT CHOEUR.

Trop heureuse Immortelle ,
Revenez en ces lieux ;
Adonis vous appelle ,
Paroissez à ses yeux.
Qu'il est doux de revoir dans un Amant fidele,
Un Vainqueur glorieux.

LE GRAND CHOEUR.

Adonis a domté le Monstre & sa fureur,
De nos champs désolez il bannit la terreur.

*Venus , de retour de Paphos , descend de son
Char au milieu des Danses & des acclamations
du Peuple.*

SCENE VI.

VENUS & LE CHOEUR.

VENUS.

QU'un triste éloignement m'a fait verser de lar-
mes !
Que mes yeux vont trouver de charmes
A revoir en ces lieux l'objet de mon amour !

On ſe plaint, on languit, loin d'un Amant fidele;
 Mais ; l'abſence la plus cruelle,
Ne ſert qu'à préparer aux douceurs du retour.
Mille voix m'ont appris les perils & la gloire
 Du Heros qui fait mes deſirs ;
Allons mêler le bruit de nos tendres ſoûpirs
 Avec les chants de ſa victoire.

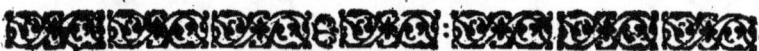

SCENE II.

VENUS, CYDIPE, & LE CHOEUR.

CYDIPE.

Orgueïlleuſe Divinité,
Pleure, pleure à jamais ta tendreſſe fatale ;
Quitte l'aveugle eſpoir dont ton cœur eſt flaté,
 Et connois enfin ta Rivale.
C'eſt moi, qui pour vanger mon amour offenſé,
De l'implacable Mars ai réveillé la haine ;
 Envain, le Monſtre terraſſé
 Sembloit ſuſpendre notre peine.
Diane, en le rendant à la clarté des cieux,
A ſçu, contre Adonis, renouveller ſa rage,
Et le ſang d'un Ingrat, verſé ſur ce rivage,
 Vange mes tourments & les Dieux.

VENUS.

Il eſt mort, Dieux cruels ! . . . . Perfide, à quel
    ſupplice ? . . . .

CYDIPE.

Arrête, je ſçai trop ce què j'ai merité,
    Et voici le coup ſouhaité,
Qui, d'un funeſte amour, va te faire juſtice ;

                 Elle ſe tuë.

    Ç'en eſt fait, je ſens que je meurs,
Trop heureuſe de voir la fin de mes malheurs,
    Tandis que le rang d'Immortelle,
Te condamne à ſouffrir une peine éternelle.

SCENE DERNIERE.

VENUS & LE CHOEUR.

VENUS.

IL eſt mort, Ciel, Barbare ! ô deſtins ennemis,
Impitoyables Dieux, vous l'avez donc permis !
    Je ne verrai plus ce que j'aime ?
Le ſommeil de la mort a fermé pour jamais
Ces yeux, de qui l'amour empruntoit tous ſes
    traits,
    O diſgrace ! ô rigueur extrême !

Eclatez, mes soûpirs, coulez, coulez mes pleurs;
Je n'en puis trop verser en de si grands malheurs.

Que toute la terre gemisse,
Que l'air de nos cris retentisse.

LE CHOEUR.

Que toute la terre gemisse,
Que l'air de nos cris retentisse.

VENUS.

Le plus beau des Mortels vient de perdre le jour.

LE CHOEUR.

Que toute la terre gemisse.

VENUS.

Venus perd ce qu'elle aime, & le perd sans retour.

LE CHOEUR.

Que l'air de nos cris retentisse,
Que chacun partage à son tour
L'horreur d'un si cruel supplice.

Fin du cinquiéme & dernier Acte.

De l'Imprimerie de JEAN-BAPTISTE LAMESLE,
ruë de Fois, à la Minerve. 1727.

Ah! je meurs
Je finis mes malheurs
Immortelle,
Ta peine doit être éternelle.

www.ingramcontent.com/pod-product-compliance
Lightning Source LLC
LaVergne TN
LVHW022027080426
835513LV00009B/899